Rafael Tiano:

Maracaibo, Venezuela 19/05/1985. Poeta, escritor, y músico zuliano. Autor de los poemarios "Pentagramas" (2020), "Bajo tu sombra: conjuras de amor y silencio" (2015), "Travesía" (2014) y "De holas y adioses" (2013). Se han incluido sus poemas en las  antologías "Despedidme del sol y de los trigos", "1er concurso de poesía por amor al arte", "La vida es verso", "Deshojando sentimientos", "La isla de las palabras perdidas", "1er Certamen de poesía Siempre poesía", y "Sentir como poeta". Igualmente ha publicado ensayos de investigación musical, organológica y etnográfica con la Editorial el Perro y la Rana (2007), Revista Universitaria UNICA, Revista Expresiones, entre otras. Participó en el Festival de Poesía de Maracaibo 2013 y 2014, en el Festival Nacional de Poesía de Venezuela 2013, y como invitado internacional en el XXI encuentro universitario de ciencia, arte y tecnología de UNACAR 2015 (Ciudad del Carmen, México). Licenciado en Musicología (Universidad Católica Cecilio Acosta 2006) y en Gerencia de Recursos Humanos (Universidad Dr. José Gregorio Hernández 2013). Felizmente casado –en sus propias palabras- desde 2013, reside desde el 2019 en Abu Dhabi, donde continúa escribiendo y haciendo música.

DE HOLAS Y ADIOSES

Rafael Tiano

Ilustración de la portada
Rubén Loopstok
https://www.behance.net/user/?username=Loopstok
https://www.instagram.com/loopstok/

Fotografía
Cracked wall background de Steinar Engeland
https://unsplash.com/@steinart
https://www.instagram.com/stoness/

Diseño de la portada
Rafael Tiano
https://www.instagram.com/rafa.tiano/

Ilustraciones del libro
Rubén Loopstok

Rafael Tiano© 2013
Amazon Kindle Direct Publishing©, 2020

Tercera Edición: Amazon Kindle Direct Publishing© 2020
Segunda Edición: Ediciones del Movimiento© 2014
Primera Edición: Ediciones Madriguera© 2013

Rafael Tiano©
ISBN: 978-980-7494-05-2

https://www.instagram.com/rafa.tiano/

CAPITULO I

Del mundo y las cosas

Llueve, y llueve, y llueve...

Pálida lluvia de andrajoso soneto,
cálida furia de ulular del viento.

Murmura el trueno la hora de tu llegada,
fustiga el sol la sola nube sesgada.

Acariciando cada poro de mi piel,
el aguacero con sabor a miel.

Tres átomos que encierran el secreto
del nacimiento de la vida y universo.

Veo a la gente correr para eludirte,
mientras camino lentamente, disfrutando de tu tacto triste.

Llovizna fuera, y dentro hay tempestad,
y llueve,

Y llueve,
y llueve...

Oda al Cuervo

¡Oh prístina sombra!,
extendidas alas de seda
como la copa del pino en tormenta.

Revoloteando sobre un cuarto menguante oxidado
vociferas misterios de par en par.
Fuego vibrante de lamento enterrado,
canto atorrante de espinoso azahar.

¡Oh prieta figura!,
blanca ballena de estos huesos,
sal que sazona el mar abierto.

En negras nubes posas tu esqueleto
intocable como una sinfonía,
altivo crepitar de rayo y trueno
esculpido con perfectas líneas.

¡Oh sagaz criatura!,
el enigma de tu pensar elude
la comprensión de este poeta frustrado.

El pez sueña con el vuelo y el hombre con poder,
tú solo sueñas ser lo que naciste: Cuervo.
Con estentóreo crascitar has de roer
los huesos semidesnudos de este cuerpo.

¡Oh pétrea mirada!,
cazadora tenaz del tiempo herido,
derrotero fugaz de fiel partido.

Admiro tu belleza simple y llanamente,
y apenas resonar tu nombre cada poro enervo;
mientras en Habana la trova sueña con serpientes
en Maracaibo la poesía sueña con cuervos.

Oda al Quijote

Cercenando el dolor tajante de la edad vencida
habéis partido desde la mancha olvidada,
al rescate de los que no tienen escudo,
de los maltrechos de justicia,
de los hambrientos de esperanza,
de los carentes de romance.

Es vuestro fiel jamelgo Rocinante
compañero en la flaqueza y hambre,
ante el lánguido cantar de los pesares
que las trochas deambulantes os deparen.

Quijotesco amanecer en la campiña,
partiendo el pan con Sancho,
rompiendo los hilos del silencio.
Con palabras de amor para el Toboso,
con suspiros para Dulcinea,
con cantares de vuestras aventuras.

¡Libertad para las mentes yermas!,
clamor a gritos de injusticia;
No habrá para la suya espada merma,
y vuestras batallas son noticia.

A lo lejos los gigantes se levantan,
cruentos titanes de marcial andar,
azotando el viento de la tarde,
sin detenerse nunca,
sin apagar las ganas,
sin acercarse un paso.

Sancho os advierte del fatal engaño
ante la inconcebible arremetida:
¡Habréis Quijote de haceros grave daño!,
¡Habréis de recibir fatal herida!

¡Que herido es el orgullo del hidalgo!,

desangra la virtud amanecida,
postrado en un catre malquerido,
ante vecinos y familiares,
ante hechiceros y guerreros,
ante la muerte y la penumbra.

La última cruzada aun no se libra,
el miedo y la fatiga son inocuos,
y pronto habrá de haber nueva partida.
¡Ensilla a Rocinante!, ¡vamos!, ¡pronto!

Más en el andar de aquellos nuevos lances
el caballero de la blanca luna
le puso fin terrible a su ventura.
Vuelve a casa el hidalgo rendido.
Vuelve a ser Quijano el majo.
Vuelve a dormir el ideal del Quijote.

Tiempo

Anciano añil,
vas dejando caer los minutos de tu barba,
vas dejando expirar los años en mi sombra.
Toda la memoria se diluye,
todo el recuerdo es diferente;
Relativamente relativo y retrayente,
cabalgas en las noches más boyantes,
en una alada yegua enardecida.
Y luego,
cuando la añoranza se enmaraña en el vacío,
dispones hacerme prisionero,
¡Desalmado carcelero de instantes!,
¿Cuánto tiempo es una hora, o un siglo?,
¿Cuánto tiempo es el tiempo sin faro?,
a la deriva sin costa ni horizonte.

Anciano vil,
bailas con el silencio empedernido
en la soledad acompañada,
rodeado de miradas sórdidas.
Caracola que se enrolla sobre sí misma,
espiral de pensamiento entristecido;
Relativamente relativo y semejante
al viaje a la velocidad de la luz
paseando ingenuamente por quimeras.
Y luego,
sobre la superficie de la luna callada,
desentierras burbujas melancólicas.
¡Retorcido asesino del presente!,
¿Cuántos días me restan para delirar?,
¿Cuánto futuro es el futuro sin ensueño?,
en una anclada existencia calcada.

Anciano heril,
los momentos son vástagos de tu capricho,

los pesares son caprichos de tu paso;
Derrites la existencia a voluntad,
y haces todo relativo.

Olas

¡Hola! le digo a las olas,
¡Hola! me dicen de vuelta,
abren al recuerdo puerta
arrojando caracolas.
Se sobrevienen las olas,
una tras otra en tropel,
cargando en un oropel
la dulce pena salada,
de pensar en tu mirada,
de imaginarme tu miel.

Hola y adiós a la vez,
meciendo mis fantasías,
con azul melancolía,
anudado como un pez.
Cual partida de ajedrez,
las olas de fina escarcha
rondan en augusta marcha,
y con pasar andariego
van tejiendo con labriego
el litoral a sus anchas.

¡Hola! le digo a las olas,
Olas que me dicen ¡Hola!
Pero se van de inmediato,
y regresan en un rato,
dejando detrás su aureola.
Yo las escucho gemir,
casi queriendo escribir
en la costa con espuma:
Antes que llegue la bruma,
debo volver a partir.

Hermano Werther

Inspirado en las tribulaciones de Werther

"Yo buscaba los ojos de Carlota: ¡ay! Iban de uno en otro,
pero no se posaban en mí, en mí, que estaba delante
totalmente entregado a ella. Mi corazón le dijo mil adioses
¡Y ella no me vio!"
Goethe

Joven amigo, maestro de penas,
tu historia es la más sincera y mordiente,
encontrada gota a gota y línea a línea
en cada carta para la nada.

Como un gato que trepa tórridamente a un árbol
y se encuentra en la copa antes de notarlo,
apenas al despertar descubre la altura en sus intentos,
y tiembla temeroso
al enfrentar el precipicio cara a cara.

Cual nave que bordea muy cerca la costa,
encallando estrepitosamente,
haces astillas de tu corazón desnudo.

Hermano Werther,
debieras tener mil Gustavos,
que respondan tus docenas de cartas,
que escuchen tus batientes lamentos.

Hermano de huellas,
talladas en las intenciones baldías,
en las acartonadas respuestas,
y en la impar sensación desosegada.

Torrente de sangre envenenada;
la enfermedad más temible te ha cazado,
moribundo de afecto infundado
por la estéril semilla plantada.

Joven hermano,
tu locura es un fatal vestigio
de los derroteros del apego inhóspito.

Abatido Werther,
¡Vuela con homero en las alas de Helena!,
Acaso halles tu ángel antes de caer…

Acaso encuentres a Carlota.

Negro

Hoy quiero derrumbar los clichés aburridos
que dictan que el rojo es el color de las pasiones,
el rojo se me hace un tono igual, ni más ni menos,
y no por ser del fuego o de la rosa,
opino yo que ha de gozar de privilegios.

No hay por que generalizar los matices;
Mi ardor esta vestido todo en negro,
de oscuro fieltro los reflejos del espejo,
y los presos e inciertos caudales de pesadillas,
dulces pesadillas de oliente azufre,

de sal y de muerte, de luz de vela,
de cera derretida y puños desnudos;
La muerte que es el mismo nacimiento,
la mano de la dama penitente
halando desde el útero mi cuerpo.

No he venido divagando hasta esta línea
para imponer que el negro es el mas bello esmalte,
pero, si alguien está en busca del perfume
para entintar las maravillosas ilusiones,
¿Qué le parece un color de aliento oscuro?

Como el quemado café por la mañana,
con demasiada azúcar y cargado,
preto, liso, en oscuras oleadas de seda,
tostado sabor que desprende la tinta
como el calamar de estela herida.

El negro es el color que mejor refleja
la luz del sol en el plumaje de un alcaraván,
cantando las horas de la madrugada en ciernes,
atropellando las arrugas de la cama
con la pereza y los bostezos estirados.

Negra es la sangre de la tierra, no roja,

y negro es el corazón apasionado,
pues el agudo ardor de la ilusión enluta
las mariposas que se posan en los sueños,
excitando las fantasías vivas de azabache.

18

Oda a un par de zapatos viejos

En el rincón curtido del cuarto distante
dormita un par de zapatos cansados,
desvencijados y canos, hacen una siesta;
De calor humano y sostén anhelantes,
soñando con calles y pisos ajados
donde corren una carrera supuesta.

Desfilan los pasos en las suelas tiesas,
quemadas y huecas en algunas partes,
queriendo reírse por las costuras viejas,
queriendo contar los senderos errantes.

Son tan viejos ya mis amigos de cuero
que los pies desnudos entran de visita
para conversar un rato con la tela,
como amigos de añales, de recuerdos,
camaradas añejos de paseos y citas
reducidos a una triste bagatela.

Vienen y van otros zapatos en mi armario,
mas yo no doy la espalda a mis amigos,
me acompañaron muchos días del calendario
y de tantísimas historias son testigos.

Paso con paso en la calle van cantando,
Entonando un rechinar adolorido;
Los años crueles no pasan en balde,
ya me miran con ojos casi blandos,
cuando me siento sonríen agradecidos,
amenos, sinceros, compañeros humildes.

Dicen siempre la verdad, sin ataduras,
sin ocultar las sendas ni los días,
sin avanzar con sesgo ni premuras,
sólo tendidos en su melancolía.

Oda a la Impaciencia

Macabro destino, tortura incesante; Bastión del infortunio,
te oigo reír mordazmente, y veo el destello de la maldad
desprendida de tus ojos vacíos, arropada con las angustias ajenas.
Envías las olas a la costa demasiado tarde, las olas y la sirena y las horas,
demasiado tarde para escuchar el son y bailar en torno a la hoguera
de la entrega ciega y furibunda, del abrazo perfumado de colores.
El abigarrado ánimo no entiende, y con cada pulsación renuente,
trata vanamente de amarrar el minutero, de desprender las negativas.
Intento sepultar la rabia, el desconsuelo; Intento de no odiar los días
los días presentes y pasados y futuros, los días perdidos, los largos días,
en que mi tacto puede saborearle, y se ahoga la tristeza en un mensaje,
en un par de palabras cariñosas, por creer que se vive en su memoria
por una brizna de segundo, en un compás de alguna canción dedicada,
o en la fracción de un sueño compartido, de un oasis de paz para mi mente.
Si es necesario he de venderle a Morfeo mi sentido de la vista o del habla,
un brazo, un pie, o una costilla, a cambio de verter mi cuerpo un minuto,
un minuto apenas, un minuto enfermo, donde ella me invoque en sueños
y yo fuese perfecto, el fruto maduro, la corchea en el ritmo del tambor;
En ese sueño la luz me alumbraría de otra manera, mi sombra
tendría otro matiz,
otra silueta desperdigada en el piso, en la pared y el techo,
otro prisma para reflejar a contraluz las emociones, para vestir sus labios
de sonrisas empapadas de besos, de cáscaras frutales, de versos,
y estirar ese minuto infame y rumiante, convertirlo en infinito templo,
en onírica isla de calma, de arrebato, de llamas, y truenos danzantes
que estremezcan la atmósfera entera, que se traguen esta dimensión,
para no despertar nunca más, nunca más, como el decir del cuervo,
nunca más, desde el eco lejano, de la ventana abierta, del agujero,
el agujero invidente y retuerto, por donde escapan los granos de arena;
Huyen, y huyen, derrumbando el castillo, aplanando el misterio,
y cada palabra se va en cada grano, cada pensamiento descalzo,
las milésimas de segundo cuando me soñó, y pronunció mi nombre,
sonoro en el universo cual trompeta de plata en las manos de un ángel,
en los labios de un demonio, destruyendo el vacío de la nada,
los agujeros negros que tragan planetas, que tragan estrellas, galaxias;
Como el hambre se traga la paciencia, y el azar se arrebata en inclemencia.
Y me dejan inválido, desvalido de silencio, atormentado por palabras,
por un desfile de letras, nadando en la llama blanca de una hoja,
tocando un concierto magro en el golpeteo de los dedos contra las teclas;
Con caga golpe hurgan mas profundo, hacia el centro del dolor y la alegría
lombrices salvajes, alimañas perversas, desenfrenadas rimas que marchan
para hallar allí tumbado entre las vísceras el latido inconsistente del incendio,
que oscurece las ganas y cercena las risas, que sumerge las tardes grises

en estupor lacerado, asesinando con humo enfermizo las brillantes utopías,
tornando en negro ónix los diamantes, lagrimas negras, ópalos vencidos;
Como la derrotada voluntad arrolladora, que se desangra en la impaciencia
y se retuerce en el catre malquerido de las moribundas ilusiones perdidas.

Oda elemental al amor

Amor,
un vocablo incomprensible.
Apenas los estudiosos lo conocen,
casi todos dicen haberle visto alguna vez
en la cara de algún conocido,
o bien en historias de larga data.

Quizás alguna vez lo habré sentido,
(si es que acaso se siente
pues aun no se descubre su carácter)
sin enterarme siquiera,
confundiéndolo por alguna dolencia
o un malestar de platón-dependencia

Lo que puedo asegurar con fe en los hechos
es lo que los intentos de amor me han enseñado:
El amor no es costumbre,
no es lujuria, ni placer mundano,
no es palpitar acelerado de unos días,
tampoco es ir tomados de la mano.

Hay muchas categorías de amor:
Amor de madre,
amor fraterno,
amor de pasión y entrega,
amor por la vida,
amor por amor y ya, son algunas.

Creo que he sido amado,
o más bien correspondido,
en una o dos ocasiones
antes de enterarme siquiera por informes,
¡Habrían de haberme notificado
para conocerle la cara a este fulano!

Quizás no sepa que amo a todos,

a algunos más que otros,
porque el amor no sale y entra,
si no que nace con nosotros.
¡Qué alocadas teorías divaga la mente
cuando cree notar que se ama a alguien!

Oda al *ingenio* humano

Un día estaba yo paseando con la vista,
rondando las estancia aburrida y llena,
repleta de cosas, de las que hacer lista,
de cosas hechas por la mano ajena.

Por la mano ajena de un obrero chino,
o quizás colombiano o panameño,
de la mente de algún humano del mundo
que parió la idea de hacer algún diseño,
como la mesa o la silla o el plato,
como la cama o la almohada o el radio,
o como el libro o la línea o el verso.

Veo las costuras de mi abrigo made in USA
y me visto con su viaje transatlántico,
¡Ha ido más lejos este pedazo de tela que este pedazo de cuerpo!

El humano satisfecho inventa,
inventa todo lo que quiere ser,
y siento yo que al parecer
inventa un poco más de lo que intenta;

Pues si intentase más de ser un poco,
un poco el mismo, quizás un poco loco,
habría de ser un tanto más sencillo
el inventar la vida nuevamente,
como la cosa que nace y existe,
como la nada que todo lo imbuye,
como la fuerza que en tu amor persiste.

Y me maravillo de las simples cosas,
que con tanto ingenio tengo acá en la casa,
como el cuchillo, o el espejo, o las botas,
como las luz, o las llaves o las tazas.

¿Qué sería de mi vida sin guitarra?,
o sin computador, sin calcetines,

sin toalla, sin jabón, sin tallarines,
sin el destapador y sin la jarra.

¿Si el ser puede inventar? –pregunto yo–
la bomba nuclear y el fin del mundo
¿Por qué no inventa el fin del rumbo?
de guerras y de rotas religiones,
de falsas esperanzas, de pasiones,
desiertas de carácter medio humano

¿Quién será el que invente la felicidad,
el amor perfecto, la verdad?

Oda a la Cerveza

¡Oh! Tostada gloria.
Como un camino de hormigas
desparramas el oro sobre mi lengua.
Vienen en colmena violenta,
cargadas en los lomos de espigas;
Lanzas doradas que hieren las papilas,
inflamando el espíritu Dionisio.

Estandarte de la fuerza de Ceres,
la tierra te ha parido en primavera,
hermana del pan y de la mesa,
sofocando la sed de libertades.

¡Oh! Amargo goce.
Arrebato de frutal aroma,
flor infértil, lúpulo bendito.
Tus curvas se desprenden del perfume,
que arrojas como trueno en el Olimpo
cual sordo grito de noche humeante,
ahogando los sentidos en colores.

¡Brindo por tu dorada cabellera!,
¡Brindo por tu sensual talante!,
La mar toda se vierte en un vaso,
coronada de espuma y de musa,
espesa textura, sedosa, difusa,
viajando por la boca paso a paso.

¡Brindo por los espigados campos!,
¡Brindo por la rumiante espuma!,
Burbujas entusiastas de cebada
se suicidan en la sed descalza.
Hacen cenizas del fuego de angustias,
hacen fuego de la borrasca guardada.

Oda al Humo

Etéreo y perfecto amigo,
soluble en cuerpo y forma
cual roce de serpiente madura.

Dibujas flores marchitas en el aire frio,
ligero navío de gris vestido,
timonel de exhalar de luto,
estela de trompeta apagada.
Quisiera exhalarme yo esta tarde,
y flotar sedosamente como tú,
sensual y sinceramente lleno de vacío.

Sublime y desnudo amigo,
cobijo del dolor y los desvelos,
parido de la zarza y del tabaco.

Barres bajo la alfombra de la noche
todo lo dicho en el silencio,
todo lo callado en torbellinos.
Tras tu vuelo de mariposa herida
sólo queda tu fugaz estela
para remolcar la sensatez
y encontrar respuesta a tus siluetas.

Efímero y paciente amigo,
acompañante de las horas idas,
disfraz de espirales feroces.

Vas tañendo cuerdas de arpa en el aire
con hilos negros y grises y azules y blancos,
con esencias recurrentes del futuro;
Aruñando mi piel desde adentro
como una fiera embotellada.
Y hasta que huyes desenfrenado
somos uno por un breve y perpetuo segundo.

Gravedad

Hoy se fugan las palabras deshiladas,
hilvanando líneas rotas de un poema,
ondeando una risa tonta entre la lluvia clamorosa
y los acordes mansos de décadas pasadas.

La humedad que suda en la ventana
refracta la luz en sombras luminosas y fugaces,
que se quiebran contra las paredes blancas,
atravesando la imaginación empolvada.

¡Me alegra tu alegría!, me alegra tanto,
¡Me hace tan feliz el nublado arrullo de este día!,
el grisáceo desperezar del astro padre,
y el aire fresco que invade las entrañas.

La gravedad parece una ley tan falsa hoy,
una mentira, un eclipse de la razón metafísica;
La densidad del ambiente moroso y cerrado
despliega las alas imbatibles, como talones de Perseo.

Aborto de ataduras, llamado al despegue alucinado,
derrocando la sensación de peso; Desvanecer en el aire
no ha de ser más difícil que cambiar de centro,
y rotar ciento ochenta grados en dirección vertical.

Acelerar igual que siempre, con fuerza opuesta y repulsiva,
como el universo ralo expandido por eones,
propagar así el microcosmos, el universo interno,
engañar al carcelero del espíritu encorvado,

el caballo de Troya mal habido, la prisión de estas almas,
el corporal anclaje con la gravedad maldita.
Nueve metros sobre segundo y sus centésimas,
números tan imaginarios como la realidad pasajera;

Atrapados en un geométrico laberinto desdoblado,
en una red tejida por el espacio-tiempo,

como una hormiga andando por una hoja arrugada,
equilibrista de una multidimensional cuerda floja.

Artificial es la luz prismática en las gotas suicidas,
y la imposibilidad momentánea de cambiar la densidad,
la consistencia material temporal de esta energía
que pertenece al vasto universo, al cosmos, al infinito.

Un soneto aburrido

Acodado en el buró indolente y frío,
entre montañas de papeles y trabajo,
con la mente seca como animal retajo,
y esta hoja limpia repleta de hastío.

Inoportuno quehacer no vienes
los días en que más se te extraña,
un poco de labor la mente engaña,
y así pasan las horas en tropeles.

Tic tac tic tac, pasa un minuto,
muere un protagonista del recuerdo
en el sopor torcido y casi cuerdo.

Tic tac tic tac, pasa una hora,
y me aburro de estar tan aburrido,
con voces rondando y en versos perdido.

Un soneto callado

Mudo... con la lengua durmiente,
mejor se aprecia el eco de la luz,
y poco a poco el ego se arrepiente
de alegatos que se hacen una cruz.
Esclavo de lo hablado -dice el dicho-
amo de lo callado -en contraparte-,
cultivo de paciencia y suave nicho,
es el silencio y de escuchar el arte.
Sellando con tranquilidad los labios
descubrirás que todo dice algo
y nunca a nadie causarás agravio.
Aprenderás de todos los sonidos,
será de tu saber estable andamio
y de tu paz el pulso y los latidos.

Hombre alado

Hoy vi un hombre volar,
¡Volar!,
así,
como suena.

Sin metáforas, ni símiles, ni hipérboles.
Sin avión, ni globo, ni motores.

Volar sinceramente, como un ave.
Aleteando,
sufriendo,
soñando.

Voló más allá del pensamiento,
tornando mi piel de gallina.
Casi pude sentir el viento,
casi pude tocar sus alas,
casi pude soñar su sueño.

Hombre alado,
hermano de los pájaros.

Escapista de la realidad proterva
arropado en un minuto kafkiano;
Mutado en voladora criatura
derrumbas la fantasía más cruda.

Volador aliado,
lleva contigo mis pensamientos,
mis ilusiones,
mis ganas,
mis alas.

A la copa

I

Con la sinuosa figura de una elegante dama,
erguida firmemente, segura como un león,
majestuosa y delicada, sublime cual panteón;
Sobre sus afables piernas balanceada,
y de vida llena, las caderas cargadas,
repletas de leche, de agua y sangre,
sin vestigio alguno de escabroso almagre,
se yergue la fina copa abovedada,
distante y frugal, tersa y bendita;
El vino y la pasión en ella habitan,
y es fuente de inspirados sentimientos
al levantar la mano al cielo para brindar
por la patria, la vida, el amor o el andar,
por la salud o Dios, triste o contento.

II

Copa de historias heridas, copa de perdidos siglos,
hija oscura de Zeus velado en cisne y Leda;
Tocado de gemelos héroes en la humareda,
batallando bravamente con titánicos vestiglos
en algún secreto rincón del mundo frigio.
Corona del alado mensajero Mercurio,
portador de la luz y el saber sin perjurio,
detractor de la sombra vil y su vestigio;
Derramas sobre el mundo una libación,
promesa de la fuerza y la belleza, bendición
vertida en la cadena que rodea el mundo
y los hombres que trabajan con amor profundo,
celebrando el universo y la creación.

Mulher

Mulher,
você é o branco do prisma
neste escuro e frio mundo,
o feixe de luz, o sal do mar,
a música do sol á despertar,
você não mora no segundos.

Mulher,
o ar em seu sorriso se mata,
preso pelo seu paixão bendita,
como uma arrasadora chama,
em seu caminho abrir o vida
e dança ao ritmo da alegría.

Mulher,
monumento á beleza pura,
doce flor do campo aberto,
perfume de sereia fera,
sua voz é a cor da terra,
coberta con nuvems de seda.

Mulher,
semente de homem,
mãe de inocência, taça de sangue,
as palabras são apenas uma pedra,
e você é Venus esculpido...

CAPITULO II

De ensueño y olvido

Susurros

Y ahora que la casa está vacía,
pero tan llena de todo lo que importa,
hasta el polvo se ha ido con el rencor
y los grillos recitan a lo incierto,
susurrando de vez en cuando
al oído de la dama sola,
susurrando…
Apenas…

Y ahora que el vacío está tan lleno
de mí.
De como soy cuando no hay nadie,
soñando con elefantes alargados
y atrapar tigres en redes de mariposa,
sediento de colores,
con hambre de melodías.

Se van las cosas, se van,
¡Ya es hora!,
se van y viene,
se van y vienes…

¡Bienvenida!,
¡Mi casa es tu casa soledad!,
descansa en el piso,
no tengo sillas que ofrecerte,
ni platos,
ni vasos,
bebe con tus manos,
duerme aquí a mi lado,
leamos a Borges un rato
antes de acostar los parpados,
para soñar con ficciones,
porque ya la vida es muy real para nosotros.

El rapto

Espero sigilosamente a que mi apesadumbrado
esqueleto descanse
para robar tu imagen de mis sueños
y huir con ella en brazos como un crío.
Me abrigo en una cueva negra, en un nido de víboras.
En una danza de sombras y silencio espero
hasta el momento preciso,
creo que eres mi presa y te libero
pero tu forma descarnada me descubre;
he sido yo la víctima de este rapto.
Al liberar tu imagen, me devora como una orquídea púrpura,
sucumbo y me entrego para verte aunque
sea en sueños o pesadillas,
estoy a punto de lograrlo pero te aproximas cual cometa
y me quemas,
al abrir los ojos desvanezco en cenizas. He despertado...

Naufragio

Un naufragio de ideas me ha traído hasta aquí,
el vaivén de una lagrima rebelde.
Agua y sed, sed y penas;
He bebido del mar y me aborda la locura.
Arrójate contra un peñasco, murmura,
como un ave suicida.
Debo corregir mi sentido de la vista,
para no robarte jamás otra mirada,
o quedare cautivo en ella,
prisionero en una vitrina de recuerdos.
Solo podre escapar cuando renazca,
en agua y sal, en sed y penas,
en llanto.

Sinergia

No quiero pecar de simplista y escribir un soneto;
y decir que te amo por razones efímeras
como tu boca o tus labios, o tus miradas centelleantes.

Esas miradas se extinguirán en las cuevas de tus cuencas
y solo quedarás tú, lo que amo, tu esencia.

Explicar por q te amo es como intentar de decir por que soy,
simplemente no puedo llevarlo a palabras,
aun en el mejor de mis intentos sólo llegaría a adularte,
y terminaría por siempre recordando momentos de carne,
momentos emotivos, momentos mortales;
Es tu cuerpo quizás el recipiente correcto
para aquello duerme conmigo,
que no está en este lugar, si no en ti, pero más bien en tu otredad.
En aquello que pretendo alcanzar con una mirada furtiva,
en aquello que sueño con tener junto a mí
para todo el tiempo que resta en mis vidas y muertes
y holas y adioses y siempres.

Intento describir pero no puedo no tengo el rango, el alcance.
Simplemente filosofo
con la esperanza de que te llegue este mensaje
de la manera que lo redundo,
de que lo entiendas como se pensó, como nació,
y no como una fútil prosa ególatra para decirte que eres bella.

Pues aunque eres bella eso se irá
y aun cuando estés yaciente en un lecho moribundo
tú serás más, mucho más. Serás yo y nosotros y esto y todo.

Soneto del viajero cansado

Calcinante ardor de sangre,
vid de parras marchitas.
Destruyendo todo a su paso,
el odio como un enjambre.

Cruel azar, rebelde tino,
de crecer en la mustia tarde
la yedra que trepa venenosa
por el muro inerte y frio.

Destruyendo todo a su paso: el odio.
Calcinando todo lo suave y tenue,
no permite que descanse el viajero.

La furia del rocío menguante arde,
con el color de la nublada piedra,
que pretende herir al viandante.

Olvido

Enfermo, postrado, cansado y marchito,
se despide el amor de este cruel cuento,
se derrite la fe de este fiel cuerpo.

Cuanto odio ha remado por las venas,
intoxicando el espíritu de penas.

Amarte, nunca más será posible para mí,
pues llevo a cuestas la sombra de tu odio,
y el viento en contra, azotando las velas de rubí.

Cuanta yedra ha crecido en nuestra cama,
usurpando el terreno de la entrega.

Pensarte, es un dolor punzante, afilado;
No puedo odiarte, a pesar de tus palabras,
y de tus miradas como flechas, que buscan el pasado.

Cuánto quiero que seas feliz, que seas completa,
que todo el camino se abra y la luz te bañe.

No guardo rencores ni pasiones mal habidas,
ni espero que el recuerdo enmohecido se marche,
y odio el no poder odiarte, sin amarte...

Intento de soneto

¡Cómo quisiera aterrizar un beso
en la luna de tu mejilla izquierda!,
acercarme a tus labios de cerezo
y recostar mi cabeza en tu regazo.

¡Cuánto pienso en tu piel desnuda!,
en el cavilar de tu arrullo tranquilo,
y en llenar de llamas la penumbra,
mientras marcha sin fin el velo ardido.

¡Oh! la luna toda existe en tus mejillas,
negras aves se abrigan en tu figura,
así yo quiero dormir entre tus brazos.

¡Corre corre, manantial de tiempo!,
aciago sentimiento del destierro, y
desanuda los minutos en la estancia.

Soñar con ella

Ser invisible.
Tropezar con el muro del silencio.
Esperar y esperar una palabra,
y arrugar por completo el resto del mundo como un bosquejo.
Sentir las voces fundirse en una melodía que pronto se olvida,
todas excepto la suya, que ensordece mis sentidos.

El tiempo se desvanece y lentamente
se burla de mi paciencia y de mi nervio.
Mofándose.
Crueles acompañantes el tiempo y el silencio,
yerguen la bandera de la pena,
por no saber de ella, por no verla más que en sueños.
Soñar soñar, ¿será respuesta?,
para encontrar siempre su abrazo,
para escuchar siempre su voz,
para saber que soy más suyo, de lo que jamás nadie sería
en esta u otra vida, en este u otro mundo.
Y sin embargo, sentirse invisible
el no saber si acaso sabe
cuanto se piensa en su figura,
cuanto se anhelan sus palabras.
Soñar soñar, casi despierto,
¿o será que estoy dormido?,
éste es el sueño gris etéreo
y aquel distante despertar
es lo que es vida en este mundo.

Silencio

Dame una palabra de silencio,
en este minuto entumecido
que ha transcurrido esperando tu respuesta.

Jano, ¡Cierra las puertas de esta mente!
¡Azótalas con furia!
para que no sean nunca más cuna de ideas,
de alegría, o fatales ilusiones.

Porque mi idea tiene la idea de que ama tu idea,
de la nada,
del pasado,
del mañana.

Atraída compulsivamente al centro de la tierra,
cual nómada raíz,
carcomida por viles gusanos en su ciego andar,
loca, hipnotizada.

Se extingue este minuto, ahogado en impaciencia
-¿O es una hora,
un día?,
¿Incluso más?

Dame un haz de luz en melodía,
para que el humo cante junto a mí,
mientras apuro un trago amargo de zozobra.

Cuando puedas, en una esquinita de hora que te sobre,
dime algo,
dime loco,
dime olas.

Un amigo me dijo que le gusta una muchacha

Un amigo me dijo que le gusta una muchacha.
Una chica sincera y fuerte,
una chica que él admira;
una mujer, más que muchacha,
una palabra más que un sueño.
Esa muchacha es increíble –dice mi amigo-,
y cuando habla de ella
se delinea una sonrisa idiota en su tez;
y no sabe casi decir nada,
y no encuentra calma ni sosiego,
como si fuera del agua, pretendiese andar un pez.

Un amigo me dijo que le gusta una muchacha.
Que no piensa en ella nunca
porque siempre está en su mente,
dibujada, o más bien fotografiada.
Con la piel teñida y franca risa,
con los ojos verdes,
con los sueños a flor de piel,
con la voz de terciopelo.

Yo no sé qué decirle a mi amigo
para sosegar sus pensamientos.
Parece caminar por costumbre,
y respirar por costumbre,
y soñar por costumbre.
Sólo habla de ella, pero con más nadie que conmigo.
Porque aún no se convence de que tal muchacha exista.

-Me cuenta mi amigo - que vive el día a día
desgranando las horas, los minutos,
esperando unas pocas palabras
inocentes, lozanas y calmas,
alegres y despreocupadas,
sinceras, transparentes.

Mi amigo desnuda el alma
cuando habla de esta chica,
y camina despierto, casi vuela,
y señala lo bueno y lo bello,
como si en todo hallase dicha

Un amigo me dijo que le gusta una muchacha.
Una chica sincera y fuerte,
una chica que él admira;
una mujer, más que muchacha,
una palabra más que un sueño.
Con la piel teñida y franca risa,
con los ojos verdes,
con los sueños a flor de piel,
con la voz de terciopelo.

Amorosamente, para ti

Estoy irremediablemente, incontebliemente, irrefutablemente enamorado.
Estoy completamente, confidencialmente, conscientemente obsesionado.

Un secreto que transitoriamente escondo,
una lucha que diariamente vivo,
un ejercicio que pacientemente hago,
de no gritar desesperadamente ¡te amo!

Te extraño inexplicablemente, irresponsablemente, inexorablemente.
Te pienso repentinamente, compulsivamente, tormentosamente.

Y así veo generalmente el día
pasar lánguidamente y sueño;
toda tú alegremente llena,
de pasión completamente mía.

Te sueño cariñosamente, delicadamente, caprichosamente.
Te quiero irrevocablemente, absolutamente, infinitamente.

Y así constantemente pienso,
que más profundamente quiero,
tener sinceramente tu alma,
y ser eternamente tuyo.

Lontana

*"E lontano lontano nel mondo, una será sarai con un altro
e ad un tratto chiss? come e perché?
ti troverai a parlargli di me di un amore ormai troppo lontano."*

Luigi Tenco

Me tocas
con tus manos descalzas, dulces como dátiles,
y te escribes en mi piel, te dibujas en mis huesos.

Me tocas
con las miradas ocultas, con los ojos cerrados,
como una saeta salvaje que atraviesa el aire.

Me tocas
con frágiles señales inflamadas de tristeza,
como el aliento toca el frío y pare humada.

Me tocas
con la intención que corre la yegua azabache,
y te veo arrancando tus cabellos en la cama.

Me tocas
con el temple de tu risa en una cuerda afinada,
y me cortas y me matas y me dueles.

Me tocas
con el pensamiento allá en tu vida, y te siento
Lontana lontana.

No te vayas

No te vayas aún, dame un minuto,
dame un beso que detenga el tiempo,
dame un tiempo para ser tan tuyo
como el trueno que es del cielo abierto.

No te vayas así, duerme conmigo,
- duerme aquí sobre mi pecho, es tuyo-,
te diré mientras duermes, mientras huyo,
a mis sueños también a estar contigo.

No te vayas por hoy, quédate aquí,
simplemente hablaremos con miradas
y el reloj será el cómplice, y la nada,
para estar en otro mundo así.

No te vayas amor, dame otro beso,
incendiemos el cuarto con caricias,
como viejos relojes con pericia,
contaremos los poros de los cuerpos.

Lo mejor cuando te vas

Lo mejor cuando te vas es que te extraño,
y te siento de maneras infinitas,

y te encuentro entre los pliegues de las sábanas,
y te hallo en el espejo del baño,
y te asomas en los pasos que camino.

Lo mejor cuando te vas es que me duele,
y el dolor enardece los sentidos,

y te oigo en el silencio taciturno,
y te toco en la caricia de la brisa,
y te bebo en el café de la mañana.

Lo mejor cuando te vas es que te pienso,
y vives en mí, más dentro que yo mismo,

y palpitas en cada pulso y brío,
y retuerces las sonrisas tontas
y caminas por mi mente alada.

Lo mejor cuando te vas es que te extraño
y la idea de que también me extrañas,

y pensar en cuanto tiempo falta
para estar contigo nuevamente,
para extrañar extrañarte.

Azul tristeza

Estoy tomando aquí solo y distante,
con el camino perdido,
con el instante cerrado,
con el impulso truncado
de la carrera entusiasta.

Me canso ya de perseguir tu sombra alada,
tu extraña forma de quererme a veces,
tus ganas necias de extrañarme un poco.

Azul tristeza, ron de miel canela,
verter sobre los labios malheridos,
clavar en el costado helada espuela.

¿Por qué tú no me extrañas un poquito?,
¿Por qué me quieres siempre desde lejos?
Si muero por tocarte con mis ojos,
si muero por mirarte con mis besos.

¿Qué quieres?

"Mejor dejemos esto hasta aquí",
No hagamos más preguntas locas
¿Te vas?, ¿Me voy?,
¿Es hoy?, ¿Me toca?,
¿Te vas?, ¿Sin más?,
Me vuelvo roca,
¿Me quieres hoy un poco menos?,
¿Me quieres hoy un poco lejos?,
¿Me quieres hoy?, ¿O no me quieres?,
¿O quieres que me vaya y te deje?

Áncora

El errático recuerdo es bienvenido,
y la brújula que baila en las tinieblas,
y el somnífero momento repentino
de la eléctrica manera en la que tiemblas
con el vértice del hueso en tu cadera
en la cúspide del goce en sus laderas.

Se descose el hambre en las imágenes
por comer tu piel como cerámica,
y erigir los templos, las pirámides,
para adorar tu boca tinta y tánica.

El espléndido sudor que se derrapa
por la tórrida cascada entre tus pechos
es la lágrima que bebo en este mapa,
el oceánico sentir insatisfecho
en la bóveda celeste de una noche
con la cólera de abril, con el derroche,

por ser el pecho mismo, ser sinónimo
del arrullo en tu mirada cálida,
para morir en tu sentir anónimo,
en el abrazo de tu espalda pálida.

Entre las células del cuerpo enardecido
corre la cópula del fuego en el ritual,
se asoma el éxtasis, el beso forajido,
que muerde el ídolo en tus labios inmortal,
con el fatídico veneno que trastoca,
con el histérico placer de oler tu boca.

Eres cántaro del fósforo melódico,
eres sílaba del ángulo anatómico,
eres áncora del vándalo romántico,
eres gárgola del gélido tentáculo
que me toca con dolor catártico,

que me llena de placer inhóspito,
que me quema con amor ilógico,
que me borra el corazón escuálido.

54

La taza está triste

Te veo en las huellas del café en la taza,
que sentada espera que regreses
en la mesa loca y triste de la casa,
entre tanto va la luna y amanece.

En la mesa loca y triste de la sala,
dónde hablamos cosas tristes, locas;
Y cual faro que espera la bengala,
tú partiste y hoy está la taza en roca.

Añorando el toque y gusto de tus labios,
y tu soplo en el café caliente,
el aire distante, el toque sabio,

de tus manos en el asa sucumbiente,
que se niega a relegar con fiel resabio
y se sienta allí a esperar pacientemente.

Desnudos

En mis sueños entras siempre desnuda,
con las intenciones denudas,
con las palabras denudas,
con la piel florecida y el cabello suelto;

Desnuda de miedo y de tristeza,
desnuda de pasado y de futuro,
viviendo en el presente eterno.

Yo también estoy desnudo en esos sueños,
con el pecho desnudo, al descubierto,
con el verso descalzo, la cruz en la frente,
con el puño cerrado amontonando miedos.

Temores de curiosidad, futuro incierto,
temor de arrebatarse el fuego,
de tu desnudez con pasajero trémolo.

Toma mi mano desnuda en este sueño
y vístela con piel sereno terciopelo,
para curar las quemaduras de la noche
cuando toqué tu cara y recogí tu pelo.

Hecho un ovillo y casi en llanto,
un ovillo desnudo del miedo tembloroso y negro,
te vas y es pesadilla el fiero sueño.

Dices no, dices espera, dices luego;
Otro día, otra noche, otra vida... Otro sueño.
Dices calma, dices tiempo, dices todo en el silencio,
y yo solo y desnudo, desnudo de paciencia...
me visto de lamento.

Dame tu carga amor

Cuando el tormentoso viento azote tu espalda,
cuando el calcinante sol rompa tus ojos,
toma mi brazo amor, que sea tu escudo...

Si la espinosa senda se torna insoportable,
y tu alegría se va en el paso andado,
toma mi risa amor, es tuya y mía...

Si el imposible tiempo incomprensible,
decide ser contigo testarudo,
o si los sueños que con clamor persigues,
se tornan agrios y cerreros,
toma mi boca amor, dame el veneno...

Cuando las horas largas y filosas,
corten con cruel intento los deseos,
cuando la nube gris de la discordia,
ronde con miedo arisco tus desvelos,
toma mi pecho amor, que sea tu velo...

Si alguna vez el llanto ruin te mancha,
la cara de marfil, la piel de seda,
toma mi hombro amor, seca tu herida...

Y si el azul tristeza mal habido,
invade tu sentir, tus pensamientos,
toma mi llanto amor, lava tus penas...

Cuando en la lucha sientas desvalida,
perder el temple, morir las ganas,
cuando la nave estalle entre las olas,
en boga eterna, a la deriva,
toma mi fuerza amor, seré tu orilla...

Si toda puerta parece estar cerrada,
y piensas que el destino es carcelero,
toma mi voz amor, ¡Alcemos vuelo!...

Si las heridas son muy negras,
si los dolores son muy hondos,
toma mi sangre amor, cura tu alma…

Cuando parezca demasiado lejos,
para seguir andando, para vivir muriendo,
cuando la vida fustigue los intentos,
cuando la cruz se torne muy pesada,
dame tu carga amor, dame tu carga…

Elogio de lo invisible

Te veo
tendida,
cómo te viniste al mundo,
Tú dormida / Yo despierto
…y a pesar de ello,
mis sueños se escuchan más alto.

Con la sombra que te golpea la espalda,
puño frío / luz adentro,
y mientras…
La noche toca una fuga en la ventana.

No quedan restos de carne en nuestros huesos,
besos caníbales
arrastraron todo en la marea cuando subió la luna.

Y ahora,
te veo…
sin cuerpos / sin carnes,
se ve dentro de mí en tus restos,
me veo el suspiro abierto,
envidioso del soplo de aire
que pasea tranquilamente por tu pecho.

Veo / ciego,
con las manos,
con algo más allá, que no entiendo
…y no sé si pueda entender alguna vida,
¿Cuál es el enigma que me atrapa?,
¿Por qué te veo mas allá de lo que pienso?,
hasta los ojos dormidos,
hasta la palabra que no dices.

Una palabra

Cuando me dices *te quiero*
me lo dices con los ojos,
casi sin abrirlos,
en sueños.
Me hablas con tus manos,
suaves,
susurrando…
Y vuelvo a verte cuando escucho que me llamas,
-amor-
una palabra,
singular,
solitaria,
aparentemente cotidiana,
que deja tantas cosas por fuera
y que a la vez llena
tanto;
Gota que rebosa el vaso,
desprendida de alegría,
simple,
simplemente tuyo,
como el aire de las alas,
como el verso de la vida.
-amor-,
yo también te digo,
te quiero ¿sabes?,
y un beso,
singular,
solitario,
aparentemente cotidiano,
viene de manera inesperada,
única,
viva,
calmada,
y cómo si fuese el primero,

calla todo,
dice todo.

Esta noche voy a verte (soneto)

Reloj nacido del viento, colores de fiero alud,
retrasando los momentos, como taciturno tren;
Deja caminar la arena, deja venir el vaivén,
las crueles horas de espera acongojan mi salud.

Aprisionado denuedo de correr hacia tu estampa,
e ir vertiendo la distancia en un cajón olvidado.
Como esconde la corola el crisantemo en verano,
así sepulto mi anhelo, y le hago al tiempo una trampa.

El minutero se queja de que lo apure mi mente,
y resuelve detenerse como molino sin brisa,
devorando mi paciencia, moviéndose ociosamente.

El atardecer demanda la retirada del día,
y me preparo deprisa para ir hasta tu encuentro;
finaliza así el tormento: me dirijo a tu sonrisa.

A veces quiero no quererte tanto

A veces quiero no quererte tanto,
para que así me duela un poco menos
vivir en la prisión del suave tacto,
morir en la ilusión del tierno sueño.

Para que cada bocanada de aire seco
que inhalo ahora casi con esfuerzo
se pueda convertir en enemigo,
vivir sencillamente como espigo,
de tierra y sol, de luz, de agua,
de abono, de trabajo y fragua,
de besos y caricias tenues, lisas,
de ti, de tu pasión, tu media risa,
cual brisa en primavera, mes de abril,
cual lluvia que encadena el fuego heril
cegando las papilas de mi lengua
con el veneno negro de la tregua,
con el calor lontano de tu cuerpo;
Tu cuerpo blanco y puro, cuerpo y cuento,
historia de tormento al corazón,
de loco y desmedido sin razón,
de cómo yo te quiero de esta forma
tan imposible y rara que deforma
las horas, los espacios, la distancia,
las noches, las comidas, y las ansias.

A veces quiero no quererte tanto,
para que no haya herida ni lamento,
para que toda sangre y arrebato
hallase alguna especie de sosiego.

Para no abrir los ojos en los pasos
que doy a tientas necias cual retazo,
retazo de este mundo con tu ausencia,
sin tu mirar nocturno, sin tu esencia.
Pantera en tu sedosa cabellera
desgarra allí mi pecho en cabecera

abierto todo como altar de piedra,
de piedra, de marfil, con una grieta,
para morder tus labios que se posan
en medio de la piel cual mariposa;
En pie de guerra, guerra ilusa,
con la misión tonta y confusa,
de labios contra cuello y beso,
de espalda contra pecho y seno.
Batalla sorda de clamor distante,
eco dorado de nocturno instante;
Disparo a quemarropa una palabra,
asesinar la muda, torpe, almagra,
mirada astuta de certera suerte
que da a la soledad sublime muerte.

A veces quiero no quererte tanto,
para que así me duela un poco menos
vivir en la prisión del suave tacto,
morir en la ilusión del tierno sueño.

Como quiero

Como la blanca leche quiero beber tus muslos,
los destellos perlados de tus senos firmes;
hacerte cosquillas con una pluma negra,
y desnudar el seco frio con fiel entrega.

Como el frugal tabaco quiero comer tu beso,
el aroma terso de tu voz sonora;
caminar despacio con mis labios tristes
por tu pubis florecido de amapolas.

Como la alegre brisa quiero escuchar tus manos,
cantar un arrullo por mi manchada espalda;
tus manos suaves como uvas terciopelo,
las uvas obsesión de pablo, tus manos obsesión de mi alma.

Como el dorado vino quiero verter mis ojos,
sobre tu imagen toda allí yaciente,
mientras se eriza el humo de la noche eterna
y danzamos al compás del reloj de arena.

Agritos

Te amo,
-¿Cuánto?-
Tanto,
cómo el llanto
me desnuda,
cómo el parto
desanuda,
las tormentas,
las agujas,
los pesares,
las llanuras.
Como el canto
aprisionado
de la brisa,
de la risa.
Como el choque
inevitable
de la orilla
con las olas;
siete olas,
siete mares,
siete horas,
dos amantes,
Cabalgando
el momento
sobre lomos
de azabache,
sobre luz
de firmamento.
Recia orquídea
embelecida,
por la piel,
la vid,
la vida;

por la voz,
por vos,
¡Sois mía!,
no se cuanto,
desde cuando,
no se tanto
como otros,
como sabios,
eruditos;
y escribiendo
me desquito
esas ganas
que me ahogan,
entre sombras
incendiadas,
acertijos,
remolinos;
entre camas
y mañanas,
de decirte
entre callado,
y con el grito
asilenciado,
con el verso
repetido,
con la mano
palpitante,
en el tenebroso
rito,
que te amo,
tanto,
que no te necesito.

Contigo

Me duele cuando sois distante
cuando secáis tus palabras,
me duele no saber pensarte,
como vos queréis,
y despertar y dormir y despertar otra vez
con el sabor de tu nombre en las manos,
con los dedos queriendo abrazarte.
¡Salíte de mi cuerpo ya!,
¡Dejáme vivir solo!,
Si vais a sentarte allí en el hueco de la esquina de mi alma,
por lo menos invitáme a pasar un rato.
Enseñáme el camino a tu corazón,
que estoy perdido en el laberinto de tus ojos,
¡Por lo menos miráme!,
aunque sea un minuto dormido
y te prometo que cuando despierte
olvidaré que existís,
y no te llamo más a gritos con ojos fijos,
y no te pido más que me regaléis tu mundo…
Y solo quiero que sepáis
que así lo quiera o no,
el mio es tuyo.

Adiós

Nunca dejes de ser como quieres,
Como piensas que eres,
Así,
Así te quiero
Como tú quieres, como tú has querido,
Aunque me duela, aunque me hiere,
algunos días,
cortantes,
silenciosos,
secos,
algunas noches,
felices,
llenas,
onduladas,
como las decisiones que me han traído hasta ti,
a nacer aquí,
cerca,
cuando ya te vas, cuando ya te quieres ir,
para ver si quizás quieres llevarme contigo,
en tus recuerdos,
mi nombre en tu lengua,
mi cuello en tu abrazo,
Si no peso demasiado,
Si puedo desenredar las raíces,
y que la sombra no te arrope los sueños,
y ya no sé cuando es el momento.

Sleepless

Dust and skin will break the will
of purple satin rainy tears,
uncovering your voice of thunder
as you surround the bed with smiles;
Within the bolt, within the joy,
holding your glassy velvet kiss,
unraveled by nature,
unleashed like fear.

My blood cracks open wide
to suck in every breath of you,
every scent, every ash,
every little second passed.

Hold me now or I'll despair,
I have a thirst I cannot quench,
yearning for your sap,
dreaming of your lips.
dancing to the beat of night,
of moon and owls with silky feathers.

As in my chest hair waves crash restless
a drop of light bathes your face,
your singing eyes,
your flowering skin.

Oh how I wish I could not dream,
nor fly in sleepless night with thoughts,
and to forget I'll never hold you,
nor dress your smile, nor your voice drink.
Oh lonely flock of moments darkened,
come join me here, and share my sadness.

CAPITULO III
De sangre y abrazos

De holas y adioses

¡Bienvenidos los adioses que deparan nuevos horizontes!,
¡Bienvenidos los abrazos con lágrimas sonrientes!
La partida es fiel recuerdo y nunca olvido
y la distancia más lejana es un segundo,
en menos tiempo yo te pienso y te acompaño
a los azares que este mundo te destine.
Aunque recónditos rincones nos separen,
aunque tu brújula señale ajeno rumbo.
Estamos codo a codo y paso a paso
volando juntos más que caminando;
no debes olvidar que estoy allí,
hoy no te digo adiós hermano mío,
cerrar los ojos basta para verte
y hacer de lo pasado lo presente,
nos vemos luego luego en el camino
y volveré a decirte ¡Bienvenido!

Gracias

Hoy tengo un poema dentro de mí,
un par de versos desparramados,
flotando así, vagamente, casi olvidados,
y ese poema te lo quiero regalar, a ti.

No son más que palabras, lo sé,
una consecución aleatoria de letras,
casi una operación, una suma o resta,
de líneas que guardé y pasé.

Sin embargo, quiero darte un poco
de versos esparcidos entre estrofas,
para recordarte, o decirte, sin mofas
que siempre te he querido más que un poco.

Y aunque tu bella risa a veces me distrae,
escucho tranquilamente tus palabras,
que como el rio que baja siempre traen
sosiego y desanudan las penumbras.

Gracias por tu amistad y tu cariño,
por la mano tendida y el abrazo,
y ojalá que este poema hecho a retazos,
te diga lo que callo como niño.

Amigos

En la hora más hosca de mi vida
Fue cuando aprendí el significado de un amigo

Amigo es el bastón en el vejado camino
Amigo es la lámpara en el sendero muerto
Amigo es el que te releva en la carga de cruces
Amigo es el que te acompaña a beber tu amarga copa

Tengo amigos amarillos, bailarines y monos,
Amigos vecinos, amigos familiares, amigos barrigones
Amigos-hermanos, padres-amigos, amigos poetas
Una amiga pecosa, una amiga con alas y una amiga vieja loca.
Y por más que le doy vueltas e investigo, no recuerdo tener
Ni haber tenido nunca un enemigo.

Ma

Vivencias y nostalgias, una foto marchita.
El retrato de una anciana maltrecha y cana;
mas una sonrisa que aborda su cara
te invita y te contagia como primavera,
y aunque la ves mil veces, cual vez primera,
una lágrima corre y una risa escapa.

La silla y su vaivén, donde ella reina,
te mecen como el mar y dan cobijo,
revives el pasado e imaginas
que sería del presente y del futuro,
pero el tiempo es un maestro duro
y roba las memorias más preciadas.

Recuerdas las palabras y consejos,
momentos gratos, penas y batallas,
y pruebas el sabor de aquel almuerzo,
sustento que al espíritu llenaba,
pues no solo sazón y hambre acallaba,
venía con ñapa postre y beso.

¡Écheme la bendición ahora!,
como tantas veces olvidadas,
hoy tengo todo el tiempo del mundo,
y añoro aquel abrazo de viejita
que a fuerza de recuerdos hoy me quita
la sonrisa que esta lagrima lava.

Hermano, te quiero

Cuando estábamos niños éramos enemigos jurados
batallando por el amor de mamá,
desenterrando juguetes en el patio,
encaramados en el mango descalzos.
Tomados de la mano para cruzar la calle,
jugando con un perro o un balón.

Cuando crecimos fuimos más distantes, y a la vez más cercanos;
las filosofías desprendidas del carácter dispar
cocinaron rencillas que atesaron los lazos,
pues de la lucha entre hermanos no hay fracaso,
sino lecciones sencillas para la vida.

Si bien la geografía y los muros nos separan,
la sangre y el cariño nos atraen.
Magnético sentir hacia la casa,
en donde vivo aun en pensamiento.

Hoy eres un hombre hecho y derecho;
las cruzadas fueron todas libradas,
y los abrazos son con manos de amigo.

Las palabras no alcanzan en un verso
para medir la admiración que siento por ti...

Te quiero hermano...

Carpinteros de historias

Gotas de sudor corren por la ancha espalda,
arrancando el calor de la tarea en camino,
apresuradas en posesa desbandada,
con la cadencia de los golpes de un martillo.

Mientras, estoy sentado de lejos,
mirando apaciblemente la faena;
Son dos los aspirantes a carpinteros,
trabajan arduamente y sin penas,
con paciencia como zapatos viejos.

El cedro cede ante la hoja de la sierra,
y con empeño van armando una figura.
Padre e hijo, brazo y mano.

Golpe con golpe, trazo con trazo.
A veces se detienen a pelear,
y dicen uno que otro improperio.
-¿Por qué no hacemos esto así?-,
-¿Por qué no hacemos esto asá?-,
pero con necios no se puede discutir,
y siempre se hace lo que dice papá.

Están construyendo un mueble para mamá,
pero en verdad construyen mucho más;
Yo creo que construyen la memoria,
yo creo que construyen el recuerdo,
yo creo que la madera es el papel
donde escriben con trabajo que se quieren.

La jornada tiene un pie en la puerta,
y empiezan a guardar las herramientas.
El olor de la madera cruda se desprende
como un gajo de fruta en estación,
y mientras admiran su creación
el sol hacia el poniente se propende.

Pa

Un paso, un paso, un sueño,
un sueño, un sueño, un eco,
un eco extraño, denso,
denso como el aire que nos llena,
todo se repite, se renueva.

Compartimos los mismos minutos,
escuchamos el mismo eco,
y nos baña el mismo astro,
arropando los mismos sueños.

Iguales son todas las quimeras,
de los seres de este plano denso,
y pensando que somos diferentes,
nos encontramos con el mismo camino.

Camino que andamos y desandamos,
en este inmenso laberinto,
camino oscuro y solitario,
donde sólo está tu mano.

Un paso, un paso, un sueño,
un sueño, un sueño, un eco,
un eco extraño, denso,
todo se repite, se repite,
hasta tú, que hoy eres yo.

El Semeruco

Mana rauda la savia en mis ramas
y florecen prístinos frutos y hojas,
pero hacía lo oscuro donde nadie observa
la raíz de este viejo semeruco se seca.

La resolana repica en sus oídos seduciéndola,
¡quiero ver la luz! – dice-
envidiando a las hojas,
¡quiero sentir el rocío!
como los semerucos en la madrugada,
¡quiero ser tocada por el sol y el viento!,
crecer hacia la luz y no en su contra,

Mi raíz quiere crecer hacia arriba,
contra la corriente.
Las otras raíces se ocultan del rayo etéreo
persiguiendo la seguridad de la penumbra.
¡Loca! – la llaman todo el tiempo,
pero ella no entiende razones,
y transmutada en savia fluye
luchando a través de tronco y ramas.

Florece cual primavera en un fruto maravilloso,
y mientras aguarda pacientemente las estaciones
resiste con firmeza el azote de aves rojas y alimañas.
Al llegar el último ocaso de oro
se abalanza al vacío como la furia.

El golpe de su caída es cruel,
despierta sepultada a medias,
cubierta de lluvia invernal y polvo.
La naturaleza inclemente la castiga
secando su fruto podrido.

Aquella semilla es de nuevo semilla,
más el árido mundo no la recibe esta vez,

hay frío, y sed, y miedo.

Veo con tristeza hacía el suelo,
allí está mi raíz, convertida en fruto.
Cada día más encorvado y lánguido,
¿Por qué te has ido?,

el flagelo de esta orbe es demasiado,
no puedo ni quiero nutrirme más de ella.
El eco de un sonido sordo retumba,
y el cardenal solitario testigo
observa como el semeruco fatigado
arroja su ser sobre la semilla extinta.

Arropado de nuevo por el calor de su padre
la semilla alumbra en lo oscuro,
alimentándose de todo cuanto él le ha entregado.
Es raíz, es vida; y renace con verdor y fuerza
al mismo tiempo hacia cosmos y averno.

Sobre los restos vencidos, yergue el nuevo semeruco,
y solitario escucha el cuento
que el cardenal lleva en su canto.

CAPITULO IV

De vida y lucha

Inventario

Voy a hacer un inventario como Mario,
de lo recordado y de lo olvidado,
de lo aprendido y lo desaprendido,
del camino andado y desandado.

En mi cuarto hay una cama con sabanas yertas
donde yace la soledad desnuda,
hay también ropa sucia y limpia, platos vacios,
un televisor prendido, y un bajo desafinado
que me regalo mi padre.

En mí hay hambre y castigo,
hay versos incompletos y melodías sin sentido,
canciones de otros tiempos y voces que no conozco.

En mi cuarto hay una pila de libros,
con ideas más o menos románticas,
con argumentos más o menos fantásticos,
con secretos más o menos distantes.

En mí hay todo y nada.
En mí hay un cuerpo, que por ahora parece ser humano,
hay brazos y piernas, y una lengua que no para de decir disparates.

En mi vida está mi padre, mi madre,
mis hermanos y queridos hermanos,
mi familia, mis amigos, mi perra,
los recuerdos de quienes han partido.

En mí hay sed de fuego,
hay lágrimas y sonrisas enterradas,
en mí estás tú.

Hambre

Aquí,
famélico,
azul,
sombrío.

Devorado por la ayuna cansina,
desnutrido el corazón de bríos.

Aquí,
sentado,
vivo…
casi.

Panorama de desierta esperanza,
punzante ardor de carne trémula.

Aquí,
mordido,
débil,
borrado.

Rugido salvaje del hambre reclama
desgarrar la calma de los huesos.

Arrebol de dolor desprende como chispa escarlata,
por sentir que no se siente nada.
El abismo bruno tal túnel de boca desdentada
hace eco de versos a medio camino.
Hambre,
no duele ella más que la vida,
ni quema el ayuno más que el instinto;
pues la jauría derramada del estomago vacío
es soplo que atiza la imaginación en primavera,
desvaneciendo la angustia entre líneas.
¿Qué sería de París en fiesta con la panza llena?
Nada más que un paseo apagado;
por eso no te niego ni te oculto,

por eso te disfruto a plenitud.
Ven,
devora con desdén las cenizas del delirio
y traga todo el sufrimiento.

Contracorriente

Atrapado,
en una red de sueños,
congelado,
en un minuto austero;

el pez que nada cuesta arriba,
contra la corriente otrora calma,
siente desvanecer las fuerzas suyas,
siente precipitar la suya alma,

cual del brutal amor de noche y vino,
el pez solitario es pasajero.

Aunque advierte
de las piedras duras,
aunque teme
del fatal destino,

no haya freno a su pasión sentida,
no haya quiebre a su inmortal premura,
apartando todo el cruel veneno,
que para el amor es la cordura;

sometiendo,
todo afable intento,
que la mente
le haga al desatino.

Pez,
que luchas ciegamente,
has resuelto morir con la palabra en la boca.

Habrías de ser uno con la corriente,
habrías de ser uno con la paciencia;
mas tu intento sobreviene a la razón,
y parece ser tu afán de cosa loca.

Pez,

que estas quedando sin fuerzas,
toma un poco de las mías que sobran.

Yo también camino contra corriente,
yo también entiendo lo que es ser loco,
yo también espero que algún día,
la naturaleza me abra paso y sucumba esta zozobra.

Danza para una lluvia de lágrimas

¿Cuánto es el peso de una lágrima?
¿Con qué balanza he de medir lo que ella arrastra?
la lágrima celestina que navega por mi mejilla,
precipitándose contra un esbozo de barba.

A cuestas carga la sal de la soledad,
va preñada de tristes suspiros, de falsas sonrisas,
lavandera del olvido, desempolvando memorias,
en los estantes carcomidos por el comején del estío.

Lleva también la dulce certeza, la cruel y dulce certeza
de grabarte en mi cabeza por un precario instante;
En su condición de líquido, la gota de sutil tibieza
diluye las emociones, retuerce las risas y las poesías.

Rio que lava el veneno de las dudas.
¡Ven rocío de tristeza y alegría inmortal!
A mecerte sobre una pestaña turbulenta,
a bañar los poros hundidos y perdidos.

Aligera la carga del corazón desfallecido,
filtrando las piedras doloridas por los ojos;
Déjame sin embargo, una lanza, una flecha,
una daga atada al cuello, afilada de azul y negro.

Para cortar los nacientes tallos de sueños irreales
antes de la llegada del otoño, antes de la caída del cometa,
antes de que la gota desolada tenga compañía
y corra el mar de piedras bajo el puente de la risa.

Vigilia de las calles tristes

Esta noche el sueño no ha venido de visita,
sino los ecos del latido de las calles tristes,

de los desamparados.

Un par de borrachos en la esquina,
hambrientos, más hambrientos que un perro,
sedientos, más sedientos que el fuego,

anegan sus angustias entre ron y drogas,
entre llantos con cortinas de risa,

de todos los desvelados

que no pueden ignorar el llamado de la luna,
el aroma de la arena mojada
por la lluvia de la tarde pasada;

Empapados los raídos zapatos,
sus cabellos hediondos a sudor vencido

de todos los derrotados.

Castigados por el sol y el polvo,
sus ojos rojos, sus voces quebradas,
sus gritos ahogados, sus entrañas enfermas,

con la savia persiguiéndolos,
fugitivos de las ganas de estar vivos;

Desamparados, desvelados, derrotados.

Un aborto de intento para esquivar el gatillo
y vomitar los deseos de dormir,
de dormir en la sombra.

Dame descanso y no tormento,
dame un trago de noche fría,
en el parpado tendido, en el insomnio
en la tinta seca, en la cama vieja.

Sinfonía en gris menor para la vida

Querido Hermano Rubén Darío,
tomo prestadas tus palabras.
Maestro Mahler, tomo prestada tu musa.

I.- *Traeurmarsch*

No sé si es la embriaguez o es el desierto
que me pone a redundar en pensamiento,
una palabra salta y salta con ahínco escurridizo,
y los intentos de su entierro son en vano;
Mejor he de escucharle y tomarla de la mano,
a que me cuente como diablos es que hizo

para meterse de cabeza en tantas mentes,
en las ideas retorcidas de todas las gentes,
esa palabra soez no es otra que *Propósito*,
¿Para qué se me ha invitado a este baile?,
¿Por qué la luz es luz y el aire es aire?,
¿Somos alma y energía o apenas un depósito?

II.- *Stürmischbewegt*

Bajo la ronda cruel de perpetuas preguntas
debato si estoy cuerdo con mis ideas difuntas,
Todo tiene su designio en este mundo,
en esta dimensión banal que conocemos:
La silla tranquila sirve para posar ideas y sueños
que se enredan con afán en lo profundo,

las rayas del tigre esconden intenciones,
la música bendita es imán de las pasiones,
el ave vuela y el aire le carga en brazos,
la fruta podrida muere para el nacimiento,
el fuego exhuma los pasajeros momentos,
y los zapatos son testigos de los pasos.

III.- *Scherzo*

¿Y yo? - me pregunto - ¿Yo?, ¿Qué soy?,
¿Qué fui?, ¿Por qué vine hasta aquí y adónde voy?,

no puedo volar, más que con los sueños,
ni aguzar la mirada verde como el tigre,
entre los juncos nacidos de la fruta almagre,
ni de los recuerdos perfectos ser el dueño.

No puedo arrastrar la vida entera como río,
hacia el universo de universos de Darío,
en cambio he de beber de sorbo en sorbo,
de absorber cada bocanada de la tierra desnuda
y beber la leche dulce de su frugal figura,
sin saber si ella me come o yo la absorbo.

IV.- *Adagietto*

Puedo pensar - me digo orgulloso -, pero así pienso
que también piensan las plantas, los peces y los osos,
¿Acaso no son igualmente materiales, pasajeros?,
quizás su afán de ser y ya sea la respuesta clara
para la interrogante loca que mi albor apaga
volviendo mis pesares diarios casi placenteros.

¿Pero acaso las cosas son cosas si no existen?
para los miles de espectadores que a verlas asisten,
a mirarlas existir y nada más, ser lo que han de ser;
si no, por ejemplo, ¿Por qué no bailan las sillas?,
o nos alimentamos de piedras, o bebemos astillas
¿Por qué no se puede oler o escuchar el amanecer?

V.- *Rondó-Finale*

Después de vuelta y vuelta en esta oscura silla,
de letra y letra escrita que sin dudar mancilla
el blanco puro y seco que una vez tuvo esta hoja,
sobre la cual ahora se vengan mis angustias,
los vaivenes dementes de esta y otras tardes mustias,
tratando de curar con versos mil congojas.

Se me hace parecer que el ser para la vida
cambia incesantemente, cambia en arremetida;
Hoy mi propósito es temple y quilla en la corriente,
que busca cortar las muros de olas con espinas

para desbastar el dolor y las lágrimas diamantinas
que acongojan mi ser, mi forma y mi presente.

Conversación

¿Ser o no ser? –Dice un fulano- y yo le digo,
me parece que te has equivocado eterno amigo,
en las preguntas que al hacer pretendes;
Ser y no ser se me vienen a ser la misma cosa,
existir y nada más, sin causa ni final.
No hay mucha diferencia entre mi cuerpo
y el cuerpo de alguna silla recostada,
o el pelaje de mi perra durmiendo;
Un par de átomos de más o de menos,
o quizás una diferente melodía en su danza.
Ser es ser, ¿y como evitarlo?,
si sólo se es, así, de la nada,
se existe por que sí, se ama porque sí;
¿Como entender el funcionamiento de la energía?,
la conexión entre materia y vida,
irreversiblemente entrelazadas.
La vida simplemente fluye, en corrientes,
como fluye asimismo la muerte.
¿Morir? –preguntas–
¿Pero qué es morir?,
morir también es ser,
ni siquiera siendo otra cosa,
es ser igual que siempre, es ser igual que nunca;
Y si sólo existe el ser en esa forma,
¿Cómo dejar de ser?, ¿cómo ser nada?, si hasta la nada es.

Autorretrato

9:57:19 a.m.
La arbitraria hora en que comienzo a escribir estas palabras,
la hoja el espejo, las palabras el óleo, las ideas el pincel,
esperando a ver dónde me llevan,
a que preguntas o respuestas, a cuales imágenes.
Las 9:59 no se sienten muy diferentes,
el clima y la luz se ven iguales, el aire sabe igual,
sigo siendo el mismo –por ahora- o eso creo.
9.831 días han transcurrido desde que vine a vagar,
y con esa abstracta cifra ataca la primera hipótesis
derivada de la simple observación curiosa:
Si cada día es distinto, si cada día está extinto,
entonces es sensata consecuencia y nada más,
pensar que he sido 9.831 personas hasta hoy;
Distinto cada día, extinto cada noche, y sin embargo,
tras tantas idas y venidas, no parecer haber gran diferencia,
26 vueltas alrededor del sol, una nave dentro de otra, y otra y otra,
en una cáscara estirada, envejecida y rala,
mudando de sentires mas a menudo que de oxigeno,
¿Qué sentido tiene enumerar los años, los días?
Es igual de arbitrario y excéntrico como contar los pulsos,
las inhalaciones, las lágrimas extendidas o las risas derramadas,
es tan útil como llevar balance de los besos, de los polvos,
o de las veces y las figuras con las que he pensado en ellos.
Somos contadores de cosas ilusorias, básculas de la locura,
pretendiendo ser dueños de las estrellas por anotarlas en un libro;
Cómo estas palabras, que no son palabras en sí mismas -no pueden serlo-,
así tampoco podemos ser cada uno, uno en sí mismo;
Somos uno en el todo, un cosmos, y es cuando somos pensados que somos.
Si no hay testigos del árbol derrocado, ¿Ha caído?, ¿Hay siquiera árbol?;
Yo puedo ser, por ejemplo Yo, o Él, o Tú, o Nosotros, o Ellos,
puedo conjugarme en vida o muerte, en presente pasado y futuro,
puedo ser esclavo, dueño, poeta, amigo, hijo, hermano, amante,
y también soy sueño, soy hambre, soy voluntad y soy camino.
En sueños he sido más de un ave, y uno que otro fugitivo,
he sido ola y viento, he sido fuego, libélula, caballo, cadena,
he sido luz, he sido sombra, y de vez en cuando soy planeta,
cuando despierto me descubro igual en la materia y en la energía,
encuentro algo de mí en todo, y encuentro en los demás algo de mí;
Las fronteras se despintan por completo, los lenguajes, los relojes,
la causa y el efecto, todo lo supuesto, el horizonte de sucesos.
Y así, tan de la nada como han venido estas palabras, se van ahora,
se van en quien las lee, se van en quien las vive, y en quien las es,

sin más sentido ni razón que la primera ha de venir la última,
con la necesidad estólida de controlar la métrica, de ser alfarero de ideas.
10:34:42, una hora con treinta y siete minutos y veintitrés segundos más tarde,
un total de 486 palabras, 2.112 letras,
infinitos pensamientos,
fin.

94

ÍNDICE

Capítulo I. Del mundos y las cosas

Llueve, y llueve, y llueve…
Oda al Cuervo
Oda al Quijote
Tiempo
Olas
Hermano Werther
Negro
Oda a un par de zapatos viejos
Oda a la Impaciencia
Oda elemental al amor
Oda al ingenio humano
Oda a la Cerveza
Oda al Humo
Gravedad
Un soneto aburrido
Un soneto callado
Hombre alado
A la copa
Mulher

Capítulo II. De ensueño y olvido

Susurros
El rapto
Naufragio
Sinergia
Soneto del viajero cansado
Olvido
Intento de soneto
Soñar con ella
Silencio
Un amigo me dijo que le gusta una muchacha
Amorosamente, para ti
Lontana
No te vayas
Lo mejor cuando te vas
Azul tristeza
¿Qué quieres?
Áncora

La taza está triste
Desnudos
Dame tu carga amor
Elogio de lo invisible
Una palabra
Esta noche voy a verte (soneto)
A veces quiero no quererte tanto
Como quiero
A gritos
Contigo
Adiós
Sleepless

Capítulo III. De sangre y abrazos

De holas y adioses
Gracias
Amigos
Ma
Hermano, te quiero
Carpinteros de historias
Pa
El Semeruco

Capítulo IV. De vida y lucha

Inventario
Hambre
Contracorriente
Danza para una lluvia de lágrimas
Vigilia de las calles tristes
Sinfonía en gris menor para la vida
Conversación
Autorretrato

www.ingramcontent.com/pod-product-compliance
Lightning Source LLC
Chambersburg PA
CBHW031356160726
47993CB00002B/994